16	3	2	13
5	10	11	8
9	6	7	12
4	15	14	1

João Mostazo

COISA DE MAMÍFEROS

editora ■34

EDITORA 34

Editora 34 Ltda.
Rua Hungria, 592 Jardim Europa CEP 01455-000
São Paulo - SP Brasil Tel/Fax (11) 3811-6777 www.editora34.com.br

Copyright © Editora 34 Ltda., 2023
Coisa de mamíferos © João Mostazo, 2023

A FOTOCÓPIA DE QUALQUER FOLHA DESTE LIVRO É ILEGAL E CONFIGURA UMA
APROPRIAÇÃO INDEVIDA DOS DIREITOS INTELECTUAIS E PATRIMONIAIS DO AUTOR.

Imagem da capa:
Claudio Mubarac, gravura da suíte Sobre os fluxos, *2000,*
buril, ponta-seca e água-tinta (duas matrizes), 29,4 x 29,5 cm

Capa, projeto gráfico e editoração eletrônica:
Franciosi & Malta Produção Gráfica

Revisão:
Alberto Martins
Cide Piquet

1ª Edição - 2023

CIP - Brasil. Catalogação-na-Fonte
(Sindicato Nacional dos Editores de Livros, RJ, Brasil)

	Mostazo, João, 1991
M339c	Coisa de mamíferos / João Mostazo —
	São Paulo: Editora 34, 2023 (1ª Edição).
	96 p.
	ISBN 978-65-5525-165-4
	1. Poesia brasileira contemporânea.
	I. Título.

CDD - 869.1B

COISA DE MAMÍFEROS

A atriz	9
A cabeça de quem, eu tenho	11
A forma definitiva das coisas	15
A ideia	17
A porta idiota	19
Bússola	21
Coisa de mamíferos	23
Coisa de molusco	25
Concatenação	27
Consequência	29
Consideração	31
Considerar o afogado	33
Da utilidade futura das obras	35
Desejo de ano novo	37
Dia	39
Domingo absoluto	41
Espécie	43
Este monte	45
Eu, o poema	47
Idêntico dente	49
Lênin debaixo d'água	51
Livro, sinceramente	53
Marte	55
Menos com menos	57
Murmúrio	59
O arqueólogo	61
O mesopotâmio	63
O sismógrafo	65
Os vivos no velório	67
Outro enigma	69
Poema da criatura	71
Poema da participação	73

Poema de carvão 75
Poema do mijo 77
Primeiro poema do mundo 79
Segundo poema do ser vivo 81
Todas as criaturas vivas da sua espécie 83
Tudo muito duro 85
Último 87
Uma vez e outra 89
Você 91

Notas sobre os poemas 93
Sobre o autor 95

para a Ines

A ATRIZ

Ainda que eu contraia circunstâncias,
que eu me componha de conjunturas
e me constele em considerações;

ainda que eu me contamine de contingências
e incorpore acasos, cacos, coisas
comuns e chãs,
que eu me comova do comestível
e me coalhe do contábil, do curricular;

ainda que eu me convença de comentários
e compareça só em corpos e consoantes,
conformada com camisas, cabeças, covas,

chego à noite do teatro, onde tudo é verdade,
tiro o figurino e a maquiagem
e o alienígena
do qual eu sou o disfarce
nasce.

A CABEÇA DE QUEM, EU TENHO

A cabeça de quem, eu tenho
em cima da minha cabeça?

De algum soldado de Alexandre,
de alguma madame francesa?

De algum mineiro estrangeiro,
de algum caubói do Texas?

A cabeça de quem, eu tenho
flutuando na minha cabeça?

De que corpo se despegou?
Desapegou? De que couraça?

De que dura caixa torácica
se despediu? Mas com que braços?

Pra assumir sua forma final
de uma cabeça solta no espaço?

Solta, invisível, real.
Elemental? Aérea ou de aço?

Eu tenho a cabeça de alguém
sobre mim, não sei o que eu faço.

É feita de ectoplasma?
É uma colagem? Uma mancha?

É uma ilusão de óptica?
É uma viagem de luz?

É a prova em definitivo
que refuta com absoluta clareza

a coisa dos dois corpos de Newton
e a doutrina das duas grandezas?

É um exilado esquivo?
Um soldado desnorteado

no cerco ao país dos vivos,
perdido na fortaleza?

Essa cabeça sozinha,
patética e etérea? Que seja.

Dramática essa outra cabeça
que passa pela minha cabeça.

Será que é um espírito amigo,
será que é um demônio antigo,

será que é João Batista
num prato de prata, depressa?

Será que ela faz perguntas
à medida que me atravessa —

de quem é esse corpo sólido,
pálido, sem defesa,

de quem essas mãos trêmulas
em círculo, sobre a mesa,

de quem este rosto estúpido,
sem segredo e sem certeza?

A FORMA DEFINITIVA DAS COISAS

Tenho pensado muito
sobre a forma definitiva das coisas.
Esta maçã, por exemplo. Ela tem
a forma definitiva das coisas?

Esta dúvida, esta caveira,
este palhaço do século dezessete.
Este momento, este casamento. Já atingiu
a forma definitiva das coisas?

E eu? Já sou o que seria
se o mundo de repente acabasse?
Já conquistei a forma definitiva das coisas?

O mundo, por exemplo.
O mundo é um caso à parte.

Aqui do lado
estão demolindo uma casa.

Demoliram
a forma definitiva da casa.

Não era definitiva.
Definitiva é a britadeira.

Era o que eu achava. Mas outro dia
uma velha apareceu no portão.
Falou que morou naquela casa.
Que cresceu naquela casa.

Eu argumentei: minha senhora,
mas a britadeira,
mas Hamlet, mas a britadeira,
mas a britadeira é definitiva.

Não pra ela. Pra ela é a casa, e a britadeira
está só de passagem
na história do caos,

na história triste e definitiva do caos.

Minha senhora, eu tenho também
uma casa demolida
dentro de mim.

Definitiva, assim.

A IDEIA

Do nada
vem uma voz e te diz:
você
já teve várias ideias
mas ainda não teve
a ideia.

Você sabe do que se trata.
Já até achou que teve a ideia
no meio da noite
olhando pra vida
com os olhos de dentro.
Mas não teve.

Como saber se a ideia
não estava ali ao lado,
na rua não percorrida,
no caminho recusado,
num outro trem da vida?

Como ter a certeza
de que a ideia já não tenha sido
oferecida por alguém, seu traidor,
seu inimigo?

A voz não responde.
Não traz esperança, essa voz.
Traz só a pergunta: essa ideia
está no meio de nós?

Está na irmandade tácita?
No amor, na amizade? Está
no prazer, na alegria, no sono,
na poesia?

Um dia chega à sua porta
toda estropiada, a ideia.
Veio de longe, se arrastou,
comeu poeira, rasgou os braços
no arame farpado
do mundo público.

Tipo um náufrago, a ideia
ergue o corpo transparente
através do qual se vê
o mundo disforme.

É a ideia errada.
É a ideia certa.
Desfigurada, ela se apresenta
e sorri um sorriso sem síntese.

A PORTA IDIOTA

Fico vendo o dia inteiro
a porta idiota abrir e fechar.
Essa porta idiota não leva
pra nenhum lugar.

Depois da porta idiota
não tem reino, não tem mar,
não tem uma ilha cheia
de mistérios pra gente buscar.

Tem só mais um pouco de mundo,
igual de idiota e aberto.
A porta idiota é inútil,
não serve nem pra fugir.

Se ela fechasse de uma vez,
se ela ficasse aberta de uma vez.
Mas a porta é muito idiota.
Não consegue.

Fica indo e vindo,
batendo no batente (que é pra isso).
Bate e volta, com o vento,
a porta idiota.

BÚSSOLA

Procuro uma bússola — procuro
ou procuro inventar uma bússola?

Uma bússola que eu encontre na areia, batendo
como um relógio, como um coração,

só que máquina, só que automática, nem viva
nem morta, igual a todas, só que única.

Uma bússola, essa, que seja enfática
e não me deixe hesitar, eu mesmo que vago,

e que me leve, de erro em erro,
pra mais perto de todo certo, de todo símbolo.

Uma bússola máxima, e complexa,
e profundamente simples, e mínima

e ínfima, e inédita, e que infrinja,
repentina, o tamanho do bolso.

E mesmo que seja só a agulha,
e que a agulha nem seja agulha,

não seja nada, seja uma fenda,
uma cicatriz aberta e móvel

oscilando sozinha no espaço,
aberta no ar, no medo,

e ainda que nem seja uma bússola,
sem imã, sem agulha, sem estrela,

ainda que seja uma lâmpada,
uma boca, uma música, uma revolta,

uma seta riscada no chão,
que seja qualquer outra coisa,

um dedo de pedra decepado
apontando em qualquer direção,

o que importa é que indique o norte
pra mim igual pra você.

COISA DE MAMÍFEROS

Coisa de mamíferos isso,
sangue quente, morte fria.
Coisa de mamíferos isso,
amar quando não queria
e dentro do próprio feitiço
fazer o que não faria.

Coisa de mamíferos isso,
estômago, lataria.
Cair no poço movediço
sólido, sem utopia.
Fóssil, mas quebradiço.
Cego, com fome, sem guia.

Coisa de mamíferos isso,
cheia de tão vazia,
contraste insubmisso,
noite no meio do dia.
Coisa de mamíferos isso,
crescer quando diminuía.

Coisa de mamíferos isso,
perseguir o que a tarde adia
com íntimo compromisso.
Desenhar na parede fria
outros mamíferos, postiços.
Arder firme, sem euforia.

Terminar quem sabe um dia
diante de algum indício
não de que a rota difícil
era só carne, nostalgia.
Terminar, com sorte, a serviço
da própria astronomia.

COISA DE MOLUSCO

Nasci depois do não, como todo mundo.
Levo uma vida de sims, mas o não
do meu nascimento imanta tudo
e é por isso que eu me movo, porque,
como um polvo,
proponho a propulsão.

Coisa de molusco
no músculo, total.

Enquanto vou sendo, não vou sendo
também a multidão que vive em mim
numa outra dimensão espacial.
Tudo isso no durante, puro enquanto
minúsculo da minha vida.

Num canto anulado, vivendo de aniquilação,
dentro de mim, fiador do sim,
existe um ser primitivo
que me usa de veículo.

CONCATENAÇÃO

Completamente conectados, cabo com cabo, carcaça
com carcaça, coesos, cuspindo
um na boca do outro, anatomicamente
coincidentes: é assim que eu sinto o hominídeo.

Eu e o hominídeo no mesmo corpo,
descascando o coco com o mesmo dente,
desatando o mesmo nó, muscularmente,
o hominídeo e eu, por acidente.

Hipoteticamente no hipocampo
o hipopótamo e eu somos parentes.
Rinocerontemente real, visto de frente.
Considerado a frio, marsupial.

Bovino no divino capinzal.

CONSEQUÊNCIA

Não tenho em mim o horror
daquela noite, às nove e meia
do Natal de 1884
em Periana, Málaga, Espanha.

Não tenho em mim a torre da igreja,
o campanário sólido, o sismo,
nem as casas antes da ceia
demolidas, terra, poeira,
nem as famílias diminuídas,
nem as mesas de festa desfeitas,
nem os olhos, que em mim não viram
não sei que tristeza ou terror.

Não tenho em mim o sangue
misturado com o vinho na areia,
nem as crianças sem registro, confundidas,
nem ouço em mim os gritos
anônimos que vinham dos escombros
como se as pedras gritassem.

Não tenho em mim o choro
sobre as ruínas do dia seguinte
nem a ressaca das ondas de pedra
como se pedra sob pedra afundasse.

Em mim só tenho o nome
de um Manoel, coroinha da igreja,
sapateiro por vocação,
que viu do alto da torre
sua casa desabar, e viu
os parentes que eu também não tenho
lá embaixo, lá dentro, sumirem,
e se agarrou no sino, e viveu.

Em mim só tenho o destino
do que restou de Manoel Mostazo.
O sino que ele não tocou, o pouco
que, nele, tremeu e ficou.

CONSIDERAÇÃO

Duas coisas aumentam a pressão arterial:
a fervura do fermento e o agudo do sal.

Outras duas diminuem a pressão arterial:
o grave do cimento e o convívio do mal.

Entre o fermento e o cimento, o sal e o mal,
existe

a chance de armar um enigma total:
enigma de máquina experimental.

Mas você vive debaixo de tudo, e tudo
é uma bomba de gás astral.

Mas você anda no meio de estrelas
e de desastres, com a mão no pulso
buscando um sinal.

CONSIDERAR O AFOGADO

Não, o mar não vale
a vida de todos os afogados.
Não vale a vida de um afogado sequer.

Nem que seja
o mar aberto da grande travessia,
que seja o grande mar vermelho
do sangue, da praga,
o mar despedaçado, múltiplo e inconstante, diante do qual
há muito tempo, e com toda a razão e com toda a coragem
alguém disse: eu sou assim.

O mar.

Não vale a vida
de um afogado sequer.

Tudo bem as criaturas, a fauna maravilhosa.
Que viva o afogado. Antes o afogado.

Antes todos os afogados
marchando sobre o que um dia,
de todo modo, por baixo de tudo,
foi só outro, mais fundo, deserto.

DA UTILIDADE FUTURA DAS OBRAS

Guarda a sua granada, seu megafone de vanguarda:
o que você quer implodir
o mundo destrói, e melhor.
Quando tudo for reduzido a um deserto de formas ásperas,
de que vão servir as suas obras
também quebradas?
Suas estruturas demolidas,
em que diferem das ruínas
nas quais eu, você, já andamos?
Quem vai morar no seu edifício sem paredes?
De que vão servir essas escadas, essas arestas?
As pessoas vão precisar, no futuro,
de casacos, chapéus, guarda-chuvas.
Não de estilhaços.

DESEJO DE ANO NOVO

Que o tempo transforme as coisas
a ponto de mudar também a forma
como eu digo o que eu vejo e o que eu vivo.

Que tudo seja tão aberto
quanto é certo que no próximo segundo
aquilo que segura o mundo
desapareça.

Que alguma coisa permaneça
e antes que alguém a esqueça
passe pela minha cabeça.

DIA

Não é um enigma, um mito ou uma esfinge.
É um dia só claro, sem nada, só dia.

Nenhuma pergunta, nenhuma fantasia.
Só o dia e o que, no dia, te restringe.

Mas é nesse dia em que o dia se finge
quando, mais fundo, o mundo te atinge.

DOMINGO ABSOLUTO

Domingo absoluto. Absolutamente domingo.
Quanto mais ponho uma coisa sobre a outra mais me faço,
menos me faço.
O homem pisa e o deserto aumenta.

Fantasmas com a força de um exército se antecipam,
armam o golpe. O golpe já foi.
É triste. É engraçado. É tudo isso.

Domingo absoluto, absolutamente domingo.
O tempo de uma vez, desassimilado. Subindo a rua
nem o fóssil, nem o ciborgue, nem o soldado.

Talvez o australopiteco.

ESPÉCIE

Neles o espelho funciona, mas não
como você esperaria, por fora;
opera, o espelho, por dentro da fera,
tipo um órgão de imitação.

Em razão dessa estranha anatomia —
um órgão cuja única função
é repetir por dentro a besta fria —
é que eles correm risco de extinção.

Não que eles não conheçam o amor,
o grito e o rito cru da reprodução;
mas basta que eles lembrem o que são
pra que sejam tomados de pavor

e parem, contemplando a superfície,
o vidro que é o seu vivo coração,
e fujam, como um bicho que se visse
refletido na secreta secreção.

Se algum no meio deles soube ou não
que triste é ser um ser repetitivo,
cativo de si mesmo, compulsivo
por essa digestiva abstração,

é só no exame frio do que escreveram
que a gente vai saber. No resto não.

ESTE MONTE

É o seguinte: deste monte
você pega o que quiser,

que é o mesmo que dizer
você diz o que quiser

deste monte, que é a soma
de tudo o que você vê,

+1, -1 etc.:
o conjunto exato e aberto

de tudo o que não é você.
Escolhe, pega um pra ver:

tem o peso de uma pedra,
isso você pode dizer.

É frio que nem uma pedra,
antes de se conceber,

é frio, que nem uma farpa
antes de entrar em você.

Isso que você segura
e que agora pode escolher

se vai fazer parte da vida
e como essa vida vai ser,

e como vai ser essa parte
sendo escolhida por você,

é agora, da vida inteira,
a parte que faltava viver.

EU, O POEMA

Hoje — que hoje? Que o hoje,
só seu, não é o mesmo que o meu.
Eu, o poema, não vibro
no ar, se ninguém me leu.
Não deixa que o livro te engane:
foi corpo o que me aconteceu,
e se hoje eu, cantando, sou canto,
seu corpo é que me reviveu:
por este ectoplasma estranho
de som, de inscrição, de sonho,
seu corpo bate no meu.
Hoje, quem diz o poema
não sei se sou eu ou eu.

IDÊNTICO DENTE

Tem dias que eu me sinto como um besouro
a quem viraram de costas
e cuja anatomia não permite se revoltar.

Tem dias que eu me sinto como um bezerro
que não foi preciso amarrar
porque tinha deitado no altar pra descansar.

Tem dias que eu me sinto como alguém
que tivessem atirado à vida
e cuja contestação
é como se muitos peixes a comessem.

Cada coisa é tão ela mesma.
Tudo é tão diferente.

Não me consola ter dentro da boca
um idêntico dente.

LÊNIN DEBAIXO D'ÁGUA

O tempo aparece é no silêncio.
No silêncio também, sozinho,
o busto de Lênin olha o norte
do extremo sul do planeta
na escuridão branca da Antártida.

Outro busto, de pedra, apodrece
entre os corais no fundo de um oceano
(os olhos abertos, sem pupilas)
e os peixes mordem a sua cabeça
e as algas crescem nele como a barba e o cabelo
de qualquer enterrado sem nome.

Um terceiro busto de Lênin foi derretido
e virou ferro na embreagem
de um veículo que cruza o deserto.

LIVRO, SINCERAMENTE

Livro, sinceramente, te prefiro fechado.
É que fechado você é mais objeto
e eu tenho gostado das coisas como coisas,
não como ideias.

O corte perfeito que te devolve
a dignidade da madeira,
o absolutamente improvável
da sua inviolável compactação,
isso tudo é o que eu gosto em você.

Livro, gosto de você no mundo, como coisa,
e menos do mundo em você, como jogo.
Fechado você não tem lacunas, e de lacunas
basta a vida.

Te abrir me parece agora um crime metafísico
que vai rasgar o universo em dois.

MARTE

Chegaram tarde no planeta.

Não tiveram tempo de ser os heróis de que o mundo não
[precisava,
nem tiveram força pra destruir o que tinha que ser destruído.
Quando muito, armaram a fantasia já perdida
e se prepararam, sem razão.

Fora isso, gastaram tempo, consumiram recursos.
Moveram os pés, moveram a língua
porque não podiam mover o universo.

Andaram por um deserto de cristos.
Descansaram numa plataforma de petróleo.
Pararam na frente de um monumento estranho, impenetrável.
O que queriam dizer não existia.

A última vez que foram vistos
dançavam uma dança estranha,
andavam cegos, sonhando livros, galerias infinitas.

Tipo uns anjos
só que na terra, e a terra era outra.

MENOS COM MENOS

Você queria o negócio por fora,
extrema exterioridade.
Você queria tocar no negócio
apesar da dificuldade.

Você queria que, quando tocasse,
o negócio não se transformasse.
Queria que, ao ser tocado,
nada nele acordasse.

Mas a vida é difícil demais
e como se não bastasse
você viu que o negócio arde.

Antes tarde do que nunca, você
se afastou — se o negócio morde —
e deu um passo pra trás.

O negócio se retraiu,
girou no ar, fez um barulho,
um berro agudo, de orgulho,
e sumiu num sinal de +.

No silêncio frio dos metais
você, que também arde e morde,
queria lançar seu acorde,
mas ferro não fala, espeta.

O que era em você fluidez,
voz, vontade, desejo,
é agora repulsa e rancor.

Eis que um outro, com o mesmo receio,
pelo mesmo caminho que você veio
vem e estende o braço ou o que for.

Uma mão, talvez, que te abrisse,
um míssil que te desarmasse.
Esse toque, uma forma de amor.

MURMÚRIO

O que teria sido, não fosse:
essa é a matéria possível.
O futuro já perdido; a imagem que restou do que não veio.
O pão definitivo colhido no meio do sono,
mal avistado, desfeito ainda nas mãos.

As mãos vazias, só o toque e a memória e o pulso.
A balança que ainda pesa, mesmo o ouro, roubado;
o sangue que ainda corre, desavisado,
depois da morte, da tortura, da injustiça,
no escuro do fundo da terra, do fundo da noite,
essa é a matéria possível.

A consciência primitiva do fogo e do foguete.
A idade de ouro da humanidade
exercida, clandestina,
em nome do enorme espírito santo
sem espírito nem santidade.
O tempo sem caça e sem caçador.
Só toda a gente
feliz e séria, sem dimensão.

Tipo um fim do mundo todo dia.

A pequena aposta, contra todas as chances.
O gênio na garrafa, só que ao contrário.

O ARQUEÓLOGO

O poeta espera.
É o que lhe cabe fazer.
Espera sentado, espera
alguma coisa acontecer.

Girando junto com a esfera
difícil de conceber,
concebe, o poeta, a quimera
difícil de resolver.

Quer que ela diga por ele
o que ele não sabe dizer.
Que alguém dentro dele, uma fera,
o acorde do sono de ser.

Ele, poeta, que é mera
criatura que vai morrer,
ainda não morre; pondera
a morte, que não o vê.

Fermenta a sua química espera.
O tempo é o seu modo de arder.

No fundo, no núcleo, incinera
a matéria que não soube ser,
o carbono de outra era
que mal começou a ferver.

No meio da própria cratera
aguarda seu fóssil crescer.
A vida é tão austera.
O poeta não sabe viver.

O MESOPOTÂMIO

Pensa no mesopotâmio e pensa
que deviam ir juntos,
mas não sabe pra onde. Pensa no mesopotâmio,
no egípcio, no fenício,
no cenozoico absurdo, no paleolítico
cuja mão queimou todas as cavernas do mundo. Pensa
no grego pré-helênico, heroico, e no troiano
e no romano; pensa na babilônica Enheduanna,
sua ancestral, sua contemporânea.

Mas pensa sobretudo no mesopotâmio
da idade do bronze tardia
no primeiro fim do mundo.

Você e ele, o mesopotâmio, deviam ir juntos —
pra onde, eu não sei.

Se ele te desse a mão? A mão tão real quanto a sua,
tão perdida, tão por acaso quanto a sua.
Pensa no mesopotâmio na borda das trevas.

Pensa nisso e pensa em si mesmo, e pensa de quem,
de que planeta, de que século cinquenta
é você o mesopotâmio.

O SISMÓGRAFO

Tipo uma bomba, quase quântica, coesa
que nem uma granada, compacta
tipo um comprimido, firme
tipo um caroço, tipo um ralo
incrustado na carne, coerente no músculo,
prestes a voltar —
o êxtase a meio calibre — como se essa coisa
amanhecesse armada, iminente,
e desse notícia só na hora do detono,
e o embrulho se rompesse em lascas
e voassem números como pregos sem rosto,
às vezes, nem sempre, só por sorte
alguma coisa, em algum lugar, oscila
e o sismógrafo, calibrado, registra.

OS VIVOS NO VELÓRIO

De costas pro caixão
os vivos, quatro ou cinco,
ajudavam a velha viva
a fazer o trajeto do banco
à cadeira de rodas.

Coisa total de vivo
isso de mudar de lugar.
Chovia, não chovia, aquilo.

O coro, um coro de vivos, erguia
o corpo pequeno e barulhento
da velha, que exigia
cuidado, almofada, silêncio,
descanso, perdão.

Com a força de uma nação
num lance coletivo de amor
os vivos atendiam à vida.

De costas pro caixão
ali estavam os vivos
fazendo coisas de vivos
no dia que era o dia dos vivos.

OUTRO ENIGMA

É parecido comigo, os caras falaram.
Ó, é parecido com você.
Eu achei estranho porque
não tinha perna nem braço.
Eu tenho perna e braço e tudo.
Mas é parecido comigo.

De repente sob outro ângulo, de algum outro jeito
é parecido comigo.
Por dentro, quem sabe. Na abstração.
Na anatomia não. Talvez na antropologia.

Quem sabe.

Tentei perguntar — nada.
Tentei procurar por onde entrar.
Pus a mão na chave —
uma farpa de metal me espetou.

É parecido comigo.
Talvez seja mesmo.

POEMA DA CRIATURA

A criatura que eu consigo
é o mamífero de Francis Bacon.
O bicho que, meio desfeito,
nem mamífero é direito.

É o mamífero de dentro,
a figura triste e forte,
abortada já na vida,
abatida já na morte,

do animal não resolvido:
só tronco, pescoço e corte.
O bicho num impasse
taxonômico da espécie,

que decide a cada traço
dividindo a superfície
ser aquilo que aparece.

POEMA DA PARTICIPAÇÃO

Lança sua candidatura:
candidato a criatura.
Feito de barro vivo.
Abstrato enquanto dura.

Lança sua candidatura.
O ser que te captura
no instante decisivo,
quadrante, quadratura.

Lança sua candidatura.
A última ruptura
com esse rumor passivo,
sem cor, sem humor, sem cura.

POEMA DE CARVÃO

País da morte,
morto país,
só dando a volta
consigo sair.

País onde a morte
é ir sem partir,
país sem coveiro
pra te redimir.
Onde morrer
é dar sem parir
o corpo à vala.
País onde a vala
não quer digerir.

País da morte,
morto país,
só dando a volta
consigo sair.

Suas urnas de sal
queimar, omitir.
País, com que dentes
de morte sorrir?
País e daí?
País sem país.
País cuja alma

ao corpo país
não quer aderir.

País, que país
cogitar, construir?
Do oculto cimento,
país, te extrair?
País, o cimento,
seu documento,
não sabe mentir.

País, te intuir
debaixo do chão,
pra onde, país,
vão convergir
seu bruto produto,
seu fruto, seu grão.
País da morte,
em que fóssil te ouvir?
De que carvão
te abstrair?

País, como não
amanhã te trair?

POEMA DO MIJO

Mijei. Acho que é o mijo
mais sujo que eu já dei.

Devem ser os comprimidos
de remédio que eu tomei.

O monte de vitaminas
que engoli e não processei.

Os sais, cristais, astrais que,
intransitivo, não filtrei.

Mijei sujo. É tudo o que eu sei.
Sujo laranja, quando acordei.

Deve ser alguma coisa
hidrofóbica que eu sonhei,

a substância cancerígena
que, sozinho, elaborei.

Esse mijo repulsivo,
o que fazer? É meu também.

É meu ser desidratado,
é o sal do que eu odiei

que sai no líquido concentrado
do deserto que eu escavei.

Não só de bronze derretido
vive o inimigo da lei.

Vive também de mijo,
desse mijo que eu mijei.

Independente do mercúrio
que amanhã extrairei,

independente do ouro fundido
que, alquímico, transmutei,

independente da prata, do cobre,
dos metais que eu liquefarei,

é no mijo que eu estou inteiro,
é no mijo que eu vou morrer.

Não finjo que achei no mijo
aquilo que não procurei.

Neste mijo me desfaço
das coisas que eu não amei.

Estou mesmo mais amoroso
depois da mijada que eu dei.

PRIMEIRO POEMA DO MUNDO

Nasceram em outros lugares.
Vieram por força maior.

Cheiraram a água. Entraram.
Ficaram, mas contra a vontade.

Alguém, com que ferramenta,
revolve este poço, às vezes.

Eles sentem? Não sei, mas reagem,
porque osso não sente, mas sabe.

Existem diversos, dispersos:
quadrúpedes, bípedes sem lápide.

No lodo se desfiguram.
Têm pernas? Se têm, não usam.

Têm chifre, têm presa, têm pressa?
Se tinham, agora não têm mais.

Agora estão todos no lodo
e o lodo confunde animais.

SEGUNDO POEMA DO SER VIVO

Dá pra sentir que tinha vida dentro
porque virou de lado
mais uma vez
e mostrou a barriga
e a pele solta
e a boca travada
quando a onda bateu
gentil e quente.

Dá pra sentir que tinha vida dentro
porque o mar, com paciência,
por uma semana
manobrou a carcaça
e poliu as arestas
e engoliu de volta.

Dá pra sentir que tinha vida dentro
porque um fio vermelho
escorria parado
do buraco da cara
empoçando na areia.

Dá pra sentir que tinha vida dentro
porque vieram outros
perguntar por quê.

Dá pra sentir que tinha vida dentro
porque o sol comeu
antes que anoitecesse.
Porque parece uma pedra
pra quem vem de longe.

TODAS AS CRIATURAS VIVAS DA SUA ESPÉCIE

Isso que eu acho absurdo:
que um bicho escreva poesia.
Que exista dentro desse bicho
um mesmo bicho, todo dia.

Que dentro desse bicho de dentro
exista um terceiro, que o espia,
que é a imagem imperfeita do primeiro
e perfeita do segundo, só que fria.

Isso que eu acho absurdo;
sem prova, não me convencia,
que um bicho se saiba tão convicto
e tão alheio às coisas que ele cria.

Talvez num outro mundo se repita
esse acidente da taxonomia:
que um bicho escreva qualquer coisa
e que essa coisa seja às vezes poesia.

Se eu fosse um elefante ou um inseto,
um boi ou um gambá ou uma enguia
aberta pra si mesma, descoberta,
não sei, sinceramente, o que eu faria.

Se numa outra era geológica
meu fóssil vier à luz do dia
que nele esteja escrito: era um bicho,
viveu e escreveu quando vivia.

TUDO MUITO DURO

Não é o melhor pão, mas é um pão.
Não é a melhor ideia, mas é uma ideia.
Não é o melhor país, mas é um teto.

Isso é o que você ouve dentro da sua cabeça.

Contra o que a gente devia dizer: não.
Não quero este pão, quero um pão melhor.
Não quero esta ideia, quero uma ideia melhor.
Fora com todos os países.

Embora seja neste país que você acorda.
Embora seja o pão medíocre que te alimenta.

ÚLTIMO

Não tem tempo no muro — não tem tempo
nos dentes de vidro do muro.
Não tem tempo no trapo de pano rasgado
nos dentes de vidro do muro.
Tudo é como está.

Não deixo meus rastros; apago, rasuro
a lama que arrasto.
Retiro, espalho, confundo
com a lama mais velha do chão.
Exumo, exibo, repito: aturo
os ritos, os vivos:
os próximos vivos, que são todos iguais;
os próximos mortos, que também são todos iguais.

No resto, no raso, procuro
o futuro convívio.

É uma viagem essa coisa de fogo e roda.

UMA VEZ E OUTRA

Uma vez eu vi as paredes
internas da torre de uma igreja
cobertas de desenhos, arranhões,
marcas riscadas com chave de carro,
nomes de casais que já se separaram
gravados com caneta, grafites, pequenas pixações
e manchas de tinta sobre as pedras centenárias

e pensei
que aqueles que condenam esse tipo de coisa,
que eles chamam de vandalismo,
são os inimigos da espécie
porque condenam toda ação humana
que vale a pena — inclusive
a que colocou aqueles tijolos
naquele lugar, há tantos séculos,
e imprimiu sobre eles também as marcas
hoje apagadas dos homens pobres
que morreram carregando nas costas
essas pedras que o tempo guardou,
hoje visitadas por turistas
sem compromisso com o país ou a fé ou o sangue
que pôs tudo isso de pé.

E pensei que aquelas marcas, as mais banais possíveis,
profanas como eram,
eram as marcas que provavam que a igreja

era, na verdade, sagrada,
e conferiam àquela torre a sua
inquestionável preciosidade de monumento,
não porque estivesse preservada,
mas porque, violada, lembrava
que estava no tempo,
que o mundo continua
e que ainda estamos aqui.

VOCÊ

Por acaso
nasci no mesmo país que você,
falando a mesma língua que você,
na mesma cidade que você.

Por puro acaso, nasci
no mesmo dia que você,
dos mesmos pais que você,
com o mesmo nome que você
e debaixo da mesma estrela que você.

Inteiramente por acaso, aos onze anos
sofri o mesmo acidente que você.
Aos quinze, morri de amor com você
e aos vinte e oito publiquei
o mesmo livro que você.

Tenho os mesmos medos e as mesmas roupas que você
e detesto o mesmo emprego que você.

Em tudo sou igual a você.
Às vezes acho que sou você.

Com a diferença que eu falo:
eu falo com as coisas, com os bichos, com tudo.
Principalmente com você.

Que até hoje não disse uma palavra.

NOTAS SOBRE OS POEMAS

Os poemas deste livro foram escritos entre novembro de 2019 e março de 2023. Alguns deles foram publicados em versões anteriores nas seguintes revistas:

"Poema de carvão" — Site da revista *Cult*, 7 de maio de 2020.

"Coisa de mamíferos", "Todas as criaturas vivas da sua espécie" — *USO*, nº 4, pp. 28-31, dezembro de 2020.

"A bússola", "O mesopotâmio" — *Criação & Crítica*, nº 28, pp. 429-33, dezembro de 2020.

"Espécie" — *USO*, nº 7, pp. 56-7, julho de 2022.

"A forma definitiva das coisas", "Coisa de molusco", "Lênin debaixo d'água", "Marte", "O sismógrafo" — *Morel*, nº 4, pp. 30-1, agosto de 2022.

"A cabeça de quem, eu tenho", "Concatenação", "Outro enigma" — *Ouriço*, nº 2, pp. 17-20, setembro de 2022.

SOBRE O AUTOR

João Mostazo nasceu em São Paulo, em 12 de novembro de 1991. Poeta, dramaturgo e diretor teatral, fundou em 2015 a Cia. Extemporânea de teatro. É autor do livro *Poemas para morder a parede* (2020), das peças *Fauna fácil de bestas simples* (2015), *A demência dos touros* (2017), *Roda morta* (2018), *CÃES* (2018) e *Dr. Anti* (2022), além do longa-metragem *Rompecabezas* (2020). De 2018 a 2022 coordenou o núcleo de curadoria literária da revista *USO*. É bacharel em Estudos Literários pela Unicamp e doutor em Teoria Literária pela Universidade de São Paulo.

ESTE LIVRO FOI COMPOSTO EM SABON,
pela FRANCIOSI & MALTA, COM CTP
e impressão da EDIÇÕES LOYOLA EM
papel PÓLEN NATURAL 80 G/M² DA CIA.
SUZANO DE PAPEL E CELULOSE PARA A
EDITORA 34, EM OUTUBRO DE 2023.